Tiergeschichten

# Gesine

von Nina Rauprich

mit Bildern von
Hilke Peters

VERLAG MORITZ DIESTERWEG
Frankfurt am Main · Berlin · München

VERLAG SAUERLÄNDER
Aarau · Frankfurt am Main · Salzburg

Die Vogelschutzinsel
in der Nordsee
ist klein.

Nur vier Menschen leben dort:
der Vogelwart Dirk Jessen,
Oma Jessen,
die beiden Kinder Sven und Svenja.

Im Frühjahr hatte Sven am Strand
eine Heringsmöwe gefunden,
die den Flügel gebrochen hatte.
Er hatte sie nach Hause genommen
und gepflegt.

Er hatte ihr auch einen Namen gegeben:
Gesine.

Gesine war zahm geworden.

Es war Herbst.

Da, eines Morgens,
kam Sven in die Küche gestürzt.
„Gesine ist weg!"
rief er außer Atem.

Oma Jessen sagte:
„Gesine mit ihrem lahmen Flügel
kann gar nicht fort sein.
Wahrscheinlich sitzt sie
hinterm Schuppen."

Sven schüttelte heftig den Kopf.

„Sie sitzt nicht hinterm Schuppen
und auch nicht auf dem Dach.
Ich habe überall nachgesehen.
Am Mülleimer ist sie auch nicht.“

Sven ging zu Svenja:
„Svenja, bitte, such Gesine
mit mir."

Sie stiegen auf die Dünen,
und Sven rief immer wieder:
„Gesine".

Aber von Gesine keine Spur.

„Ich verstehe das nicht“,
sagte Sven traurig.

„Dabei ist sie so zahm geworden,
daß man sie streicheln konnte.
Wenn ich sie gerufen habe,
ist sie doch sogar vom Dach
heruntergeflattert.
Wo kann sie bloß sein?“

„Laß uns mal am Strand nachsehen“,
schlug Svenja vor.

Aber Sven sagte:
„Sie ist nie zum Strand geflogen.
Das ist doch viel zu anstrengend
mit dem kranken Flügel.“

Sie suchten weiter,
Düne rauf und runter.
Sven schrie sich heiser.

Er ließ den Kopf hängen
und trottete jetzt langsam
neben Svenja her.

Als sie in die Nähe
der Anlegestelle kamen,
blieb Svenja stehen
und zeigte auf einen der Pfähle.
Sven stutzte einen Augenblick,
dann rief er: „Das ist sie!
Was will sie bloß dort?“

Erfreut lief er
ein Stückchen näher,
verlangsamte dann jedoch
seine Schritte.

„Komm, Gesine“, rief er lockend.
„Ich bringe dich zum Haus zurück.“

Aber Gesine trippelte nervös
von einem Fuß auf den anderen
und schlug unruhig mit den Flügeln.

„Laß sie in Ruhe“,
meinte Svenja,
„sie ist ohne deine Hilfe
hierher geflogen,
dann kann sie auch zum Haus zurück,
wenn sie will.“

Sven hörte nicht auf sie.
Er stand ganz ruhig vor der Möwe
und redete leise mit ihr.
Langsam streckte er die Hand aus,
dann ließ er sie wieder sinken.
Er ging noch einen kleinen Schritt
näher an sie heran.

Gesine ruckte unruhig mit dem Kopf.
Wieder blieb Sven stehen,
und dann griff er blitzschnell zu.
Gesine schlug wild
mit den Flügeln um sich.
Sie hatte mehr Kraft,
als Sven ahnte.

Sie riß sich los
und flog aufs Meer hinaus.

„Gesine, Gesine, komm zurück!"
schrie Sven.

Doch Gesine lag flach auf dem Wind
und ließ sich davontreiben.

„Sie geht ein!" schluchzte Sven.
„Sie kommt nicht weit!"
Svenja legte dem Bruder
den Arm um die Schulter.

„Wir holen den Vater", schlug sie vor.
Sie rannten zum Haus zurück.

Der Vogelwart hörte sich ruhig an,
was Sven in seiner Aufregung
zusammenstotterte.

„Du kannst ihr nicht helfen“,
antwortete Dirk Jessen.
„Die Heringsmöwe
ist nun mal ein Zugvogel.
Sie will nach Süden.
In den letzten Tagen
sind einige Paare über die Insel
geflogen.
Gesine hat sie bemerkt
und will ihnen folgen.“

„Aber sie schafft das doch nie!“
rief Sven verzweifelt.

Dirk Jessen hob die Schultern
und ließ sie langsam wieder sinken.

„Das kannst du nicht ändern.
Nichts kann einen Zugvogel
zurückhalten,
wenn seine Zeit gekommen ist."

Sven verließ wortlos das Zimmer.
Mit hängendem Kopf
stapfte er durch die Dünen.

Er wollte allein sein,
allein mit seinem Kummer.

Einige Tage später gab es
eine freudige Überraschung
auf der Vogelinsel.

Dirk Jessen unternahm einen Rundgang
und fand am Strand einen entkräfteten,
arg zerzausten Vogel am Wasser liegen.

Es war Gesine. Er hob sie auf
und trug sie nach Haus.

„Gib sie mir", bat Sven glücklich.
Er nahm seinem Vater
die erschöpfte Möwe ab.

Dann ging er in die Küche,
um ihr etwas zu fressen zu geben.
„Sie wird sich wieder erholen",
sagte Vater Jessen zuversichtlich.

QUIESEL-BÜCHER · TEXTE FÜR DAS ERSTLESEALTER
Herausgegeben von Gisela und Siegfried Buck

REIHE: TIERGESCHICHTEN

Das Mädchen und die Katze
Uli und sein Hund
Hasenbilli
Marita und die Kuh
Gesine
Drei kleine Igel

Diese Reihe ist in zwei Ausgaben lieferbar:
Gebundene Ausgabe ISBN 3-425-02111-7 (Diesterweg)
3-7941-2393-X (Sauerländer)
Bestellnummer 2111
Geheftete Ausgabe (6 Hefte zusammen eingeschweißt)
ISBN 3-425-01152-9 (Diesterweg)
3-7941-2414-6 (Sauerländer)
Bestellnummer 1152

Text mit Genehmigung des Verlages W. Fischer, Göttingen – Auszug aus: Sven und Svenja gehen nicht zur Schule (gekürzt). Göttinger Fischer-Buch 1979



Reproduktion: Photolitho AG., Zürich
Satz, Druck und Bindearbeiten: Druckhaus Ernst Kaufmann, Lahr